Oliver Kohler

Vierzig Wünsche

Für den Weg des Lebens

Eschbach

Auf der Mitte des Weges

Mit jedem Tag entfernst du dich weiter von deiner Geburt. Vielleicht sind die Menschen gar nicht mehr um dich, die dir erzählen könnten von diesen Stunden: Lachte die Sonne vom Himmel oder schneite es? Waren die Straßen menschenleer auf dem nächtlichen Weg in die Klinik oder wirbelte die bunte Vielfalt eines Tages auf dem Höhepunkt? Wessen Hände halfen? War die Hebamme jung und voller frischem Wissen oder alt und reich an Erfahrung? Blieb dein Vater dir nahe, oder hatte die Mutter in diesen ersten Stunden nur dich? Du entfernst dich vom Tag deiner Geburt, aber dein Interesse an ihm wächst. In manchem früheren Jahr hättest du dich nicht im Traum auf die Reise zurück gemacht. Vorwärts ging es, voran. Die Zukunft wies dich nicht ab wie eine unüberwindbare Mauer. Sie bewegte sich wie ein Vorhang im Frühlingswind. Du mußtest dich nur konzentrieren auf die nächsten Schritte. Das Andere ging von selbst. Du hast dich selbst entworfen und Zug um Zug verwirklicht. Jetzt bist du nicht weniger aktiv, aber anders. Deine Arbeit verrichtest du nicht schlechter als vor zehn Jahren, im Gegenteil, aber sie ist nicht mehr alles. Dein Kalender steht voller Termine. Doch gibt es eine zweite Zeit, eine Innenzeit. Du bist weiterhin gefragt, aber du fragst auch mehr. Die gelegentlichen Blicke zurück in die Kindheit bedeuten keine Flucht aus der Gegenwart. Seine Anfänge leben in einem Menschen weiter. Sie zu kennen, ja zu verstehen, erleichtert einen guten, einen gütigen Umgang mit sich selbst. Wer beim Blick in den Spiegel manchmal für Sekundenbruchteile auch ein Kind sieht, ist ein klügerer Mensch.

Mit jedem Tag näherst du dich deinem Tod. Er ist nicht oft in deinen Gedanken, aber immer öfter. Es gibt mehr Anlässe als noch vor Jahren, nach der dunklen Kleidung im Schrank zu greifen. Der Herzinfarkt eines Kollegen, der unglückliche Sturz einer betagten Nachbarin, die unbesiegbare Wucherung im Körper eines guten Freundes … Du bist dabei in den Stunden des Abschieds, auch wenn es dir schwer fällt, eine Rolle in den Riten einzunehmen. Eigentlich gehörst du nicht in dieses Stück, so gesund und vital fühlst du dich. Nur manchmal überraschst du dich selbst, weil du an deinen eigenen Aufbruch gedacht hast.

Was passiert mit dir in solchen Momenten? Wenn die Angst einsickert wie eine das Lebenswasser trübende Vergiftung, gilt es, einen Rat des Schriftstellers Thomas Mann (1875–1955) zu beherzigen: Wir sollen dem Tod keine Macht einräumen über unsere Gedanken. Oder sortieren sich unter diesem Blickwinkel die vielen Elemente deines Alltags? Unwesentliches wird klein, Lähmendes verliert seinen Schrecken, wichtig wird dafür das Eigentliche: Einmal wieder Worte und Gesten zu finden für geliebte Menschen, Fehler zu korrigieren, Versöhnung anzubieten.

Ein Mensch auf der Mitte des Weges kann nicht einfach neben sich den Zirkel einstecken und den Radius von seiner Geburt bis heute in die Zukunft fortführen. Niemand weiß, wann er am Ziel ist. Keine Statistik bietet hier Sicherheit. Die Chance, sich auf einer Mitte zu entdecken, liegt nicht in der Berechnung von Jahren. Es geht gar nicht um Quantität, sondern um Qualität. Der Nebel hat sich gelegt. Klarer liegt der Beginn des Lebens nun vor Augen. Im Wissen darum und mit den seitdem erworbenen Erfahrungen gilt es, das offene, freie Feld der Zukunft zu betreten. Mutig. Und dankbar.

Glanz

Eine Welle
Glanz
herangeschwemmt
mit einer Muschel

Augenblicksglück
dieser Uferminute
aus feinen Farben

Du badest
im Glanz

Rose Ausländer

Laß die einfachen Wunder dir nahe sein.

Tage ohne Uhr am Saum eines Meeres wünsche ich dir. Laß dich manchmal nur wolkenleicht treiben.

Resonanzfähig zu bleiben im Inneren ist wichtig. Die feinen Schwingungen weiterhin zu hören ist gut.

Angelegtes hat sich entfaltet. Die Gestalt ist voller Gehalt. So schnell läßt du dir nichts mehr vormachen und hast noch Visionen. Genieße dieses kostbare Zeit »ganz vorne«.

Das Strandgut ist voller Spuren verborgener Geschichte. Entdecke den ganzen Reichtum eines Findlings.

Alles verändert sich im Licht. Sonnenmomente ohne Zahl wünsche ich dir.

In manchen Momenten zieht es die Seele fort aus dem Gewohnten. Fürchte die Sehnsucht nicht. Sie läßt dich weitergehen.

Wie wunderbar, wenn dir Kinder anvertraut sind. Erst können sie kaum auf eigenen Beinen stehen. Dann galoppieren sie davon. Sei stolz auf sie, gib sie frei und teile ihr Leben.

Den Überblick wünsche ich dir, den Überflug. Manchmal auch einfach nur die Lust am Ziellosen.

Manches währt nur einen Augenblick. Blicke auf und verpasse ihn nicht.

Im Dazwischen

Das war eine merkwürdige Stunde. Den Weg in das Altenheim findest du inzwischen zu jeder Tages- und Nachtzeit. Dennoch behältst du weiterhin ein eigenartiges Gefühl, während du auf dem Kiesweg vom Parkplatz zur Pforte des großen Gebäudes gelangst. Noch immer ist es merkwürdig, die Mutter an diesem Ort zu besuchen. Wie oft bist du heimgekehrt zu ihr. Manche frühere Heimkehr ist dir nahe, als wäre sie erst gestern gewesen. Du hattest mit Nachbarskindern gespielt – eine glückliche Zeit, bis plötzlich eine dunkle Streitwolke aufzog. Du warst unterlegen und am Ende ganz allein. Kummer und Wut schwollen während des Heimwegs in dir an. In der geöffneten Tür stand die Mutter. Sie fragte, verstand, war Trost. Jahre später führtest du längst ein eigenes Leben. Beziehungen und Beruf waren deine Sache. Die Eltern rückten an die Peripherie deines Bewußtseins. Dann kam die Entlassung aus heiterem Himmel. Die Karriereleiter schien auf einmal keine Sprossen mehr zu haben. Es tat gut, den ganzen Frust vor die Füße derer zu kippen, die schon in der Schulzeit verstanden hatten, daß es auf und ab geht.

Irgendwann begann das große Vergessen. Von einer Besorgung fand die Mutter nicht zurück. Gästen stellte sie im Drei-Minuten-Takt dieselbe Frage. Der Umzug war unausweichlich. Es war der erste, den sie mit großen Augen für sich geschehen ließ. Eure Beziehung verändert sich seitdem noch einmal. Sie bleibt Mutter, aber sie bemuttert nicht mehr. Du bist weiterhin ihr Kind, aber nun ist es an dir, sie zu versorgen. Eure gemeinsamen Stunden in diesem Haus altgewordener Menschen erinnern an Wege über Drehbühnen. Räume der Kindheit kehren zurück. Urplötzlich erzählt sie aus ihrem eigenen Jungsein. Lenkst du dann mit einer behutsamen Frage in die Gegenwart, kreisen ihre Hände ziellos umeinander. Sie findet den Schlüssel in diesen Raum nicht. So wart ihr eine Stunde in ganz verschiedenen Welten. Es dämmerte, als du kamst. Nun ist die Nacht da. Im Verabschieden murmelt sie einen Vers. Auf einmal erinnerst du dich: Es sind Worte eines Gebets, das sie oft an deinem Bett sprach.

Auf der Fahrt durch die nächtliche Stadt denkst du an deine Kinder. Sie werden schlafen, bis du ankommst. Auch deine Mutter wird dann eingeschlafen sein. Du aber wachst noch, wirst manches tun und mancherlei hören. Ein Mensch im Dazwischen bist du. Die Vorausgehenden und die Nachgeborenen ähneln sich, so viele Jahre sie auch trennen. Beide brauchen sie dich. Manchmal in diesen Jahren fragst du dich, was eigentlich noch übrigbleibt an Zeit und Kraft für dich selbst. Vom Morgen an bis in die Nacht spannt sich dein Dasein aus wie ein Zelt, in dem Junge und Alte Schatten und Schutz suchen. Wer aber birgt dich? Du parkst den Wagen und gehst auf die so vertrauten Fenster zu. Etwas wie Freude erwacht, Vorfreude. Morgen wirst du früher daheim sein und mit den Kindern an dem begonnenen Puzzle weiterbauen. Irgendwann in dieser Woche wirst du sie wieder besuchen, die Frau mit den weißen Haaren, deine Mutter.

ganz werden

elend
wer rafft

halb nur
wer hortet

ganz erst
wer teilt

Kurt Marti

Schließe nichts weg aus deinem Lebensgarten und wisse: Der große Gärtner sorgt für ihn bei Tag und bei Nacht.

Entfaltet sein, nicht uniformiert: In deiner ganzen Vielschichtigkeit wirst du leuchten!

Genieße Beziehungen: Vertrauen und Freiheit, Nähe und Eigenständigkeit.

Du kannst auch mit Wenigem glücklich sein. Wenn dir aber ab und an die ganze Fülle geschenkt wird, dann erschrick nicht darüber.

Kein Ideal sein, aber ein Original bleiben!

Vertrau dein Lebensboot den Wellen an. Nach jedem Sturm laß dich von der Sonne durchwärmen. Atme auf in Weite und Raum.

Wenn alles eindunkelt und seine Klarheit verliert, erwache in dir eine starke, mutige Hoffnung.

Die Vorausgegangenen sind doch gegenwärtig. Unbegreiflich entfaltet sich ihr Erbe. Sei auch derer gewiß, die du vermißt.

Laß den Regen deiner Haut erzählen und spüre den Atem der Schöpfung: Du lebst.

Die Sonne über deiner Lieblingsstadt bald einmal wieder aufgehen zu sehen, wünsche ich dir.

Halbzeit

Ein Pfiff, ein Zeichen – der Ball läuft aus: Halbzeit. Manches Spiel entscheidet sich in dieser Pause. Jetzt geht es um eine präzise Bilanz der ersten Hälfte und um den richtigen Blick für das Kommende. Die Rückkehr ins Spiel wird oft zu einer faszinierenden Erfahrung. Manchmal vollendet sich nun, was angelegt und vorbereitet war. Manchmal beginnt jetzt aber auch erst das Eigentliche. Vor der Unterbrechung schien die Luft wegzubleiben. Fehler wiederholten sich. Neues kam einfach nicht durch. Nach der Pause sprudeln Ideen, entwickeln sich Varianten, öffnen sich neue Perspektiven.

Im Spiel ist es wie im Leben: Pausen sind kein Störfall, sondern eine Chance. Auf sechs Tage der Schöpfung folgt ein Tag der Ruhe und Freude an dem Entstandenen. So steht es auf den ersten Seiten der Bibel, und so bestätigen es moderne Tests: Dieser Rhythmus ist goldrichtig für ein kreatives und leistungsfähiges Dasein. Die Pausen im Alltag und vom Alltag sind das Gegenmittel zum Infarkt des Herzens und der Psyche. Der Sonntag ist kein Auslaufmodell, sondern zeitlos und zeitgemäß. Wer aber drei, vier, fünf Jahrzehnte seinen Weg über diese Erde gegangen ist, hat eine besondere Auszeit verdient.

Jeder Mensch hat sein eigenes, unverwechselbares Pausenprofil. Lange Ferien an einem See lassen durch das ruhig werdende Wasser auf den Grund sehen. Die Chorfreizeit schenkt eine Rückkehr zum eigenen Atem. Manchmal hatte man sich selbst nicht mehr hören können. Jetzt wird die eigene Stimme wieder zu einem Wohlklang. Je weiter der Höhenweg ansteigt, umso ferner rücken die Städte mit ihrem ständigen Appell, »dranzubleiben« und nichts zu verpassen.
Henri Nouwen gehört zu den interessantesten spirituellen Denkern unserer Zeit. Sein Mut, außergewöhnlich zu sein, steckt an. Als renommierter Professor entdeckte er bei sich selbst in allem Erfolg viele »Zwänge und Illusionen«. Über Jahre reifte sein Plan. Dann zog er sich aus allen Verpflichtungen und Konventionen zurück. Für sieben Monate teilte er das einfache Leben der Mönche in einem Trappistenkloster. Über diese ungewöhnliche Halbzeit-Pause schrieb er einen faszinierenden Bericht mit dem Titel »Ich hörte auf die Stille«.

»Das Klima an diesem Ort voller Menschen, die im Gebet gesammelt sind, hindert mich, aus der Haut zu fahren, zornig zu werden, loszuplatzen. Ich kann mich hinsetzen und zusehen, wie schnell sich der kleine leere Platz voll Frieden in meinem Herzen wieder mit Gestein und Müll anfüllt, der von allen Seiten hineinfällt. Es ist schwer, in einer solchen Stimmung zu beten. Aber noch während der Terz, dem kurzen Gebet unmittelbar nach der Arbeit, wenn wir in unseren schmutzigen Arbeitskleidern draußen stehen, haben wir gelesen: ›Ist jemand unter euch in Bedrängnis? Er wende sich zum Gebet.‹ Tatsächlich ist das Gebet der einzig mögliche Weg, mein Herz zu reinigen und neuen Raum zu schaffen. Ich entdecke, wie wichtig jener innere Raum ist. … Wenn ich jenen inneren stillen Ort spüre, kann ich für viele andere beten und eine sehr intime Beziehung zu ihnen empfinden.« (Henri Nouwen)

Wer in die Halbzeit geht, ist offen für Neues, ja für das Wagnis der Veränderung. Danach spielt er möglicherweise auf einer anderen Position. Vielleicht gibt er seinen defensiven Stil auf und stürmt. Eine Familie packt die Umzugskartons und zieht endlich in eine Gegend mit Bäumen an den Straßen und grünen Gärten vor den Häusern. Ein Vertriebsleiter springt von der Karriereleiter und widmet seine Kraft und Zeit fortan einer Krisenregion. Eine Alleinerziehende wagt nach Jahren wieder eine Beziehung.

Manchmal bleibt äußerlich alles beim Alten und ist doch anders. In der Pause entstand eine neue Sicht. Das Gewohnte ist nicht länger gewöhnlich. Der bis zum Überdruß vertrauten Arbeit lassen sich überraschende Nuancen abgewinnen. Eine im Sumpf routinierter Rollenverteilung langsam versinkende Ehe wird wieder aufregend und kostbar. Wer das Spielfeld nie verläßt, bringt sich um solche Erfahrungen. Das Halbzeitgespräch mit seinem Trainer ist ein Sinnbild für die besonderen Momente, in denen ein Mensch sein Schweigen bricht und mit seinem Schöpfer redet.

Laß dich immer wieder weglocken vom Alltagsgrau und entdecke die geheimnisvollen Strukturen des Geschaffenen.

Habe den Mut aufzufallen, auch einmal hervorzustechen, jemand Besonderes zu sein.

Voller Geheimnis ist das Gewachsene: Manchmal geradlinig, ungebrochen, glasklar, manchmal verschlungen, unentwirrbar, kaum zu begreifen: Viel Intuition des Verstehens wünsche ich dir.

Lerne in den Tränen zu lesen. Auch sie spiegeln unsere Welt.

Warten können ohne zu resignieren,
Zeit lassen, ohne passiv zu sein.

Wird es um dich herum zu eng und engstirnig, dann träume dich hinweg an einen Ort, der nur dir gehört.

Arztbesuche wünsche ich dir, die ermutigen und korrigieren, ohne daß eine ernste Zeit anbricht.

Der Blick ins Innere soll dich nicht erschrecken. Selbst wenn das Dunkel nicht verschwindet, ist die Blüte als ganze doch wunderschön.

Freu dich an deinem Namen auf Briefen, Einladungen, Teilnehmerlisten, und darüber, daß er in das Buch des Lebens geschrieben ist.

Schutzlos wie ein Blatt ist die Liebe oft und doch voller Glut. Laß sie das Leitmotiv deines Lebens bleiben.

Neuland

Daß ein Großgewordener nicht weint, gehört zu den Maximen, die wir längst ausgemustert und entrümpelt haben. Nein, Tränen sind kein Tabu. Nur fließen sie selten. Selbst die Abschiede auf unserem Weg bewältigen wir meistens in einer tränenlosen Mischung von Aktivität und Rührung. Der eigentliche Schmerz, stark und tief wie ein Felsspalter, ist nur für Sekundenbruchteile spürbar. Bald verblasst er wieder, wie die Nacht nach einem gleißenden Blitz ihren dunklen Vorhang erneut schließt.

Die seltenen Tränen verraten nichts über die Trauer in uns. Darin eben haben wir die Kindheit verlassen und weit hinter uns gelassen: Unsere Gefühle finden keinen geradlinigen, einfältigen, eindeutigen Ausdruck mehr. Das lachende Kind kam irgendwie mit dem Glück in Berührung. Es weint, weil eine Wunde blutet, ein geliebtes Kuscheltier verlorenging, die Schatten des Abends ihm Angst einflößen. Wir dagegen lachen oft, weil es die Konvention verlangt, selbst wenn uns gar nicht danach zumute ist. Tränen sieht man keine auf unseren Wangen, denn wir haben den Schmerz in Erklärungen eingewickelt, betäubt und ertränkt. Uns allen steht ein Schauspiel-Diplom zu. Wir spielen uns durch unsere Jahre. Oder verspielen wir sie vielleicht? Auf den Theaterbühnen des antiken Griechenlands trugen die Schauspieler Masken. Diese fixierten einen Gemütszustand, ganz gleich, wie es darunter aussah. Ist dies die Chance der Lebensmitte, die Verschnürungen aufzulösen und seine Maske endlich abzulegen? Die Rückkehr des Lachens und der Tränen ist dann gerade kein Verlust an Reife, sondern ein Gewinn an Freiheit.

Wir kennen uns oft nur in der Rolle, die wir spielen. Hinter der Maske beginnt Neuland. Doch dieses unbetretene Terrain ist nicht nur fremd. Irgendwie gehört es zu uns. Es ist das eigene, das eigentliche Leben. Auf einer Fahrt ans Meer trägt der Wind den salzigen Geruch des Wassers manchmal über die Ufer. Das Meer ist zu riechen und zu schmecken, bevor es zu sehen ist. Manches lebt nur als leise Ahnung, als Duft, als ein Heranwehendes. Anderes ist verschüttet und unter den Trümmern einer Biographie begraben. Meistens übertönt der Alltag die Signale des Inneren. Manchmal nur sind Klopfzeichen zu hören: Mehr noch lebt in uns und anderes.

Vielleicht wird ein Mensch der Mitte bereit, Steine und Geröll beiseite zu räumen. Mit bloßen Händen legt er Verborgenes frei. Lange galt es als Wüste. Jetzt ist dort das Sprudeln einer Quelle zu hören. So kommt ein Mensch auch wieder in Tuchfühlung mit seiner eigenen Trauer. An einem abendlichen Bahnhof werden ihm die vielen Menschen bewußt, die schon von ihm abgereist sind. Bei einem Konzert spürt er auf einmal den Wunsch in seinen Händen wieder, ein Instrument richtig spielen zu lernen. Damals fehlte es in der Familie an dem nötigen Geld. Als Zaungast eines Kirchenfestes erinnert er sich urplötzlich an den Aufschwung, den ihm früher sein Glaube geben konnte. Tränen der Lebensmitte haben oft keinen Zeugen. Sie ähneln morgendlichem Tau in einer Blüte. Boten sind sie von einem verlorenen und wiedergefundenen Land.

Blühender Baum

Wie unverdrossen, Gott, du deine Freuden
umherstreust! Siehe, der Apfelbaum lacht.
Aber mein Herz und der vorlaute Mund und
das Aug, das nicht blind ist – haben sie
lachen gelernt?

Rudolf Otto Wiemer

Ein Boot wartet auf dich. Heraus aus dem Vielerlei, dem Einerlei, hinaus in Weite und Freiheit. Steig ein!

Die kleinen Dinge sind oft die schönsten. Lege die Muschel an dein Ohr und höre einen fernen Klang.

Viele Feste, wahre Gäste, treue Freunde!

Übe auch den Abschied ein. Manches Aufgegebene, ja Verlorene verwandelt sich in dir zu etwas Neuem.

Bislang Verborgenes will ans Licht, durchbricht seine Hülle, ist auf einmal da. Habe ganz viel Mut zum Schöpferischen.

Wenn dir je Zweifel kommen, ob alles gut ausgeht, dann flüchte dich in das Alphabet der Schöpfung.

Befreunde dich mit dem Bruchstück. Manches Fragment spiegelt mehr von einem Menschen als ein strahlender Erfolg.

Vertrau dich dem Lobgesang an, der – oft übertönt und verhöhnt – diese Wirklichkeit erfüllt.

Verliere die Angst vor dem Spiegel. Die Spuren von Sonne und Wind, Regen und Schnee geben einer Landschaft erst ihr Gesicht.

Berufe dich so auf »früher«, daß Raum bleibt für »morgen«.

Lebensorte

Es ist wie bei einer Perlenkette: Leben entfaltet sich aus vielen Orten. Jeder Mensch hat seine eigene Landkarte. Unsichtbare Fähnchen markieren darauf prägende Stationen. Nicht alle glänzen wie Perlen. Manche haben immer noch einen Nachgeschmack von Strenge, Streit und Streß. Doch auch das Glück wird erst an Orten konkret: ein erster, verstohlener Kuß, die bestandene Prüfung, das Ziel der Hochzeitsreise… Frühe Orte sind oft voller Erinnerungen. Später sieht man Stationen an sich vorbeigleiten wie Bahnhöfe, vom Zugfenster aus gesehen. Irgendwann erwachen Lust und Interesse an einer Rückkehr auf Zeit. Nostalgie ist dabei nicht entscheidend. Noch laufen keine Enkelkinder an der Hand, die Geschichten von früher hören könnten. Es ist eine Reise zu sich selbst im Spiegel eines Ortes.
Der Schriftsteller Albrecht Goes (1908–2000) ist aufgebrochen zu sich selbst. Sein Ort der Spiegelung ist Tübingen am Neckar. Wie damals als Student sieht er vom Ruderboot aus die Stadt, in der sich für ihn Weichen stellten.

Lichtschatten du

Im halben Licht des Nachmittages
Flußaufwärts rudernd und allein –
Du Spiegelglanz der Silberweide,
Ihr vielvertrauten Häuserreihn,

Mein Fenster dort, Torhof und Leben,
Sturmweg der Nächte, Jahr um Jahr,
Sind zwei im Boot: der, der ich wurde,
Und jener Andre, der ich war?

Wie, wenn ich jetzt die Ruder schweige?
Lautlos schier treibt es mich zurück.
O grüner Strom versunk`ner Jahre,
Lichtschatten du und Wolkenglück,

Und du, aus Wassers Tiefe steigend,
Du groß Erinnerungsgewalt –
Nein. Heute. Hier. Ich seh' des Daseins
Unwiderrufliche Gestalt,

Die Stunde seh' ich, wie sie Träume
Wegweht und wie sie Wünsche stillt,
Seh' das Erreicht', das Unerreichte,
Und, fern von fern: das letzte Bild.

Albrecht Goes

Jeder Routenplan der Wünsche kennt andere Orte: Salzburg mit einer Aufführung der Zauberflöte, eine Südseeinsel in kristallinem Wasser, das alte Kloster mit seiner hörbaren Stille, einmal mit einem Elefanten auf Augenhöhe ... . Manche Ziele bleiben ein Traum. Zu weit, zu gefährlich, zu teuer gestaltet sich der Weg dorthin. Doch ist es an der Zcit, die Orte, auf die einmal Vorfreude, Lust, Spannung und Hoffnung gerichtet waren, neu ins Auge zu fassen. Vielleicht liegt eine Staubschicht jahrelanger Routine auf ihrer Wegbeschreibung. Dann gilt es, die Fenster ins Innere zu öffnen und frischen Lebenswind hineinzulassen.

Gespräch mit deinem Engel

Du bist um diesen Menschen
in jeder Stunde, jeder Sekunde seines Lebens.
Mut hast du ihm zugeflüstert schon im Körper seiner Mutter.
Du warst zwischen der Gefahr und ihm –
wer kann zählen, wie oft!
Nicht alles kannst du von ihm abhalten. Dies ist keine Engelswelt.
Aus der Kniewunde tropfte Blut neben den ersten Roller.
Die Seele puppte sich ein voller Trauer über ein frühes Getäuschtwerden.
Signale wurden übersehen, manche Weichen falsch gestellt.
Und doch:
Dieses Leben hat sich entfaltet, ist gewachsen, ja aufgeblüht.

Du bist schon drei, vier Jahrzehnte an seiner Seite –
Stetig und ohne die Launen menschlicher Liebe.
Im Wachen und Schlafen trägst du ihn, unsichtbar.
Dafür danke ich dir und bitte dich herzlich:
Werde nicht müde!
Bleibe der Engel dieses Menschen.

Wie ein Bild im Atelier eines Malers ist vieles angelegt,
begonnen, ahnbar. Aber noch lange nicht fertig.
Bring ihn zurück in die Wirklichkeit, wenn er das Gewachsene verläßt
und alles scheinbar Versäumte in einem Zug nachholen will.
Tröste ihn, wenn er Nacht für Nacht vom selben Traumfilm gequält wird.
Öffne ihm Fenster und Türen ins Freie.
Begleite du ihn, bis er ankommt.